AF376058

CHARLES EMMANUEL

LETTRE

A

M. THIERS

SUR LA

SUPPRESSION DE L'IMPOT

« Quand nous le voudrons, la capitalisation des fonds publics sera pour nos finances ce qu'ont été pour nos voies de communication la vapeur et l'électricité. »

PARIS

ARMAND LE CHEVALIER, ÉDITEUR

61, RUE DE RICHELIEU, 61

NOVEMBRE 1872

Tous droits réservés.

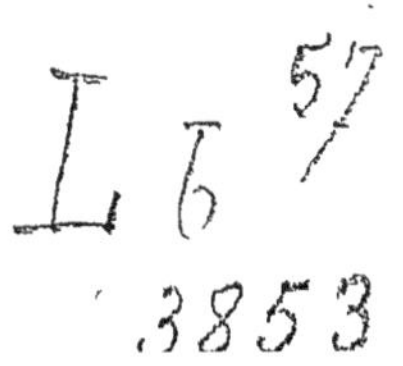

A M. THIERS

PRÉSIDENT DE LA RÉPUBLIQUE FRANÇAISE.

Monsieur le Président de la République,

La finance d'Etat, telle qu'on la pratique aujourd'hui, est un peu comme la médecine.

C'est un art qui exige beaucoup de savoir et qui, de temps à autre, produit des praticiens d'une rare habileté.

Ce n'est pas encore une science.

Vous serez le premier à en convenir, vous dont la haute intelligence, sans illusion sur les difficultés du lendemain, vient d'accomplir de si grandes choses.

Il fallait avant tout songer à la délivrance du sol national : c'est ce que vous avez fait. La France vous en est reconnaissante.

Il fallait, de plus, comprendre que désormais la République est la seule forme de gouvernement possible dans notre pays. C'est encore ce que vous avez fait ; et, par là, vous nous avez sauvés de l'anarchie ! Votre nom sera glorieux dans l'histoire, car vous avez relevé la fortune et l'honneur d'une grande nation.

Mais, quand l'étranger sera parti, les mains pleines de nos dépouilles, qu'allons-nous devenir avec un arriéré de plus de vingt milliards et un système financier dont l'impuissance est manifeste ?

Comment rendre son essor à l'industrie nationale qui pliera sous le fardeau d'un budget écrasant, sans pitié pour les producteurs, faisant main basse sur l'instrument de travail et s'abreuvant aux sources même de la richesse publique?

Comment soulager toutes les souffrances, toutes les misères qui vont sortir de là, et que les ennemis de la République ne manqueront pas de retourner contre elle?

Cette pensée inquiète beaucoup de monde; elle tourmente les esprits clairvoyants, qui se sont mis à la recherche d'un moyen de salut. J'ai creusé aussi, et sans m'abuser sur le mérite de mes efforts, je crois avoir rencontré un bon filon.

Sans cela, oserais-je parler finances devant l'homme d'Etat qui dirige en ce moment les affaires de la République française?

Le nouveau principe que je vais respectueusement soumettre à votre examen, Monsieur le Président, est simple et rationnel; pris en considération par vous, il deviendrait bientôt praticable. Ou je me trompe fort, ou l'art financier est à la veille de subir une transformation qui l'élèvera jusqu'à la hauteur d'une science.

Sachant combien peu vous aimez les faux ménagements et les petites réticences, je présenterai mes idées sous la forme qui laisse le plus de latitude à la liberté de discussion. Si mon langage était parfois trop vif, j'aurais pour excuse la droiture de mes intentions et le besoin d'être plus explicite.

Donc, après avoir fait la critique du système actuel dans une première partie intitulée: *Les Finances onéreuses*, j'exposerai sous le nom de *Finances productives* un nouveau système que je crois plus conforme aux lois de l'économie politique et qui cherche sa base dans le principe même de la justice, sans lequel on ne parviendra jamais à répandre le bien-être dans toutes les classes de la Société.

Au chapitre des *Voies et moyens*, j'indiquerai un certain nombre de mesures qui permettraient de passer immédiatement de la théorie à la pratique et d'obtenir de prompts résultats sans augmentation d'impôts, sans emprunt, sans violer les droits acquis, rien qu'en donnant une plus grande extension et une organisation meilleure au système des Régies qui, en accumulant leurs bénéfices, feraient participer les fonds publics à tous les avantages de la capitalisation.

Voilà de bien belles promesses, trop belles peut-être pour ne pas paraître illusoires.

Mais, tout imparfait que soit ce premier travail, j'ai une croyance, Monsieur le Président, c'est qu'il en sortira quelque chose de bon si vous daignez le lire.

PREMIÈRE PARTIE.

LES FINANCES ONÉREUSES.

I.

Depuis des siècles, la finance d'Etat emploie les mêmes procédés, avec quelques modifications sans grande importance. Elle suit un peu au hasard un ordre d'opérations qui constituent une habitude, tout au plus un système.

S'agit-il de subvenir aux dépenses publiques, l'Etat invente sans cesse de nouveaux impôts qui ne suffisent jamais. Qand les déficits se sont accumulés, on contracte des emprunts qu'on essaie vainement d'amortir et qui nécessitent, en tout cas, un surcroît d'impôts.

Faut-il, dans l'intérêt du Crédit public, fonder une Banque nationale? Le gouvernement s'adresse aux gros capitalistes, crée en leur faveur un monopole, leur accorde le droit de battre monnaie par l'émission d'un certain nombre de billets de circulation à cours forcé, et les autorise à prêter leurs fonds à un taux plus élevé que celui de l'intéret légal.

L'argent circule de la sorte, mais il circule aux dépens des travailleurs qui deviennent les tributaires du privilége.

II.

L'impôt et l'emprunt, l'emprunt et l'impôt, c'est, avec le privilége, tout ce que les théoriciens de la finance ont su mettre au service des hommes d'Etat. Pressés par le temps, ceux-ci sont bien forcés de s'en tenir à ce qu'ils ont sous la main.

L'*Impôt* d'abord, pour couvrir les dépenses ordinaires; l'*Emprunt* ensuite, pour faire face aux déficits et aux circonstances exceptionnelles; puis encore l'*Impôt* pour payer la rente des sommes empruntées ou pour les amortir.

Voilà l'idéal des financiers!

Ajoutez à cela la dette flottante, l'amortissement fictif, une banque privilégiée qui prête de l'argent à l'Etat moyennant rétribution, quelques autres institutions de crédit plus ou moins avantagées et un certain nombre de régies qui travaillent pour le gouvernement dont elles dépendent, et vous aurez l'image du mécanisme qui réalise cet idéal. Tonneau des Danaïdes, où l'on verse toujours et qui ne s'emplit jamais; gouffre sans fond où viennent s'engloutir des monceaux d'or enlevés au travail et à l'intelligence, arrachés sou à sou à la misère.

III.

Des impôts! Il y en a partout et de toutes sortes, sur les animaux et les hommes aussi bien que sur les choses. Directs ou indirects, rien ne leur échappe, ni les objets de consommation, ni les matières premières, ni les instruments de travail. Ils prennent tous les déguisements possibles, ils pressurent plusieurs fois le même élément de richesse, le même produit industriel, et le poursuivent jusque dans ses moindres transformations.

Tant pour la laine brute, tant pour la laine teinte, tant pour la laine ouvragée, avec droit de sortie, d'entrée et de transit. Tant pour le mouton qui produit la laine, tant pour la prairie qui nourrit le mouton. Le maître du troupeau paye la taxe, le berger aussi, le chien n'en est pas exempt.

Même système pour le blé, pour le vin, pour les olives, pour les huiles et tout le reste. C'est à n'en plus finir.

Depuis la naissance jusqu'au trépas, l'impôt frappe l'homme dans sa personne, dans l'habit qui le couvre, dans le pain qu'il mange, dans l'air qu'il respire. Quand le contribuable aura rendu le dernier soupir, l'impôt va-t-il enfin lâcher sa proie? Non, pour passer le Styx, il faut payer la barque à Caron. Mort ou vif, l'être humain restera taillable et corvéable à merci. Le Vampire qui n'a pas épargné le berceau ne respectera pas la tombe.

IV.

Les financiers les plus habiles, dit-on, sont ceux qui préfèrent l'impôt indirect à toute autre manière de se procurer de l'argent.

Ce genre d'impôt, s'il faut les en croire, a des vertus secrètes: « *Il plume la poule sans la faire crier.* »

La poule, pendant ce temps-là, se tord et jette les hauts cris. S'ils ne l'entendent pas, c'est qu'ils ont du coton dans les oreilles.

Seul, le bruit des révolutions est assez fort pour arriver jusqu'à eux, mais c'est quand il est trop tard, et ils redeviennent tout aussi sourds qu'auparavant, lorsque les grondements de la tempête ont cessé de se faire entendre.

Si c'est là ce qu'il faut appeler la science financière, les contribuables n'ont plus rien de mieux à faire que d'élever un autel à la Déesse de l'ignorance.

V.

En réalité, que se passe-t-il?

Toute somme enlevée au contribuable est autant de pris sur la richesse publique; et la richesse publique, c'est le capital de la société, c'est son instrument de travail.

Or, en bonne économie, toujours prendre sur le capital n'est pas le moyen de prospérer.

Assurer d'énormes bénéfices—la Banque gagne 200 millions par an — à des gens déjà très-riches dont l'argent, s'il n'était tenté par le privilége, irait de lui-même s'offrir à l'industrie, n'est pas non plus une mesure favorable à l'accroissement de la prospérité publique.

Admettre que, pour bien gérer les finances de l'Etat, il faut faire tout l'opposé de ce que fait le bon père de famille administrant les biens de ses enfants, est une croyance que le bon sens et la morale réprouvent.

S'imaginer qu'il y a deux manières de pratiquer l'économie, dont l'une consiste à ménager son capital, l'autre à l'épuiser, n'est-ce pas aussi irrationnel, aussi déplorable que de supposer qu'il existe deux morales: l'une pour l'individu et qui est le bien, l'autre pour la société et qui serait le mal?

VI.

Laisson dire aux sophistes que les impôts sont la richesse des États. La vérité est que plus les charges publiques sont lourdes, plus il y a de gens à plaindre et de mécontents. Plus il faut aussi de force armée pour les contenir.

Toute dépense onéreuse en appelle une autre plus onéreuse encore, le déficit engendre le déficit.

C'est une loi fatale.

VII.

Dans les conditions actuelles, la liquidation de notre situation financière est donc un problème insoluble.

On s'en. console en pensant aux chemins de fer qui doivent revenir un jour à l'Etat.

Oui, mais dans combien de temps?

Dans un siècle ou tout au plus dans soixante ans pour quelques-uns.

Les malheureux pourront-ils attendre jusque-là?

Il y aurait bien la ressource du rachat. Mais ce serait une opération très-onéreuse, et puis où trouver de l'argent?

Même difficulté pour la Banque, les Assurances, le Crédit foncier et les autres institutions à qui le gouvernement a imprudemment concédé des droits qui n'appartiennent qu'à la société.

Je ne parle pas des insensés qui voudraient reprendre de vive force ce qui a été acquis par la faveur. Ils oublient que les privilégiés on eu l'art de se mettre à couvert. Sur la foi des engagements de l'Etat, les petits capitalistes ont acheté à beaux deniers comptants une énorme quantité d'actions et d'obligations qui représentent toutes leurs économies et qui sont leur unique ressource. Comme toutes les propriétés légalement acquises, celle-ci est inviolable.

Malheur à qui oserait y toucher!

VIII.

Est-ce à dire que les sociétés humaines soient condamnées à vivre éternellement sous un régime financier dont les abus enchaînent leur activité et qui a pour dernière conséquence le paupérisme?

Non.

Dans l'ordre des choses pratiques, toutes les fois qu'un problème est insoluble, on peut être sûr d'avance qu'il contient une erreur à son point de départ. Rectifiez les prémisses, et la solution coule de source.

Ici quelle est l'erreur du point de départ?

C'est, d'un côté, l'impôt onéreux, c'est-à-dire l'impôt qui ne produit pas de bénéfices ou qui en produit pour le fisc bien plus que pour la société.

C'est, d'un autre côté, l'emprunt qui ne sert qu'à rembourser. Tout emprunt dont le capital ne doit pas produire un rapport supérieur à l'intérêt de la somme empruntée, est une opération onéreuse. Pour la société comme pour l'individu, cet emprunt n'est réalisable que par la concession de nombreux priviléges. S'il y a récidive, l'emprunteur court fatalement à sa ruine.

Ceci est de toute évidence, c'est une vérité mathématique.

IX.

Mais il ne suffit pas de signaler les vices d'un système, il faut encore avoir quelque chose de mieux à mettre à sa place. Ici commence la difficulté; elle est pour moi d'autant plus grande que ce ne sont pas mes anciens travaux qui auraient pu m'initier à la connaissance et au maniement des affaires.

Aussi reculerais-je devant la tâche si je n'étais dominé par une conviction profonde et armé de courage contre le ridicule, cette première récompense de toutes les idées nouvelles, alors même que, malgré la négation des Académies, elles sont assez vraies pour triompher quelques années plus tard.

Il y en a de nombreux exemples ; et, sans orgueil, je pourrais rappeler ici ce qui me concerne. Repoussées d'abord avec dédain, mes découvertes astronomiques sont maintenant admises par beaucoup de monde ; pas un savant sérieux n'oserait y contredire aujourd'hui. S'ensuit-il que mes idées financières soient infaillibles ? Non ; mais ce n'est pas une raison non plus pour les rejeter avant tout examen. Voyons donc sur quoi elles s'appuient.

DEUXIÈME PARTIE.

LES FINANCES PRODUCTIVES

I.

Que fait le banquier, le commerçant, l'industriel qui veut réussir? Avec une première somme destinée à s'accroître par les bénéfices, il commence prudemment ses opérations. Peu à peu la somme s'arrondit; c'est la boule de neige qui va grossir, faiblement d'abord, mais toujours de plus en plus, et qui, celle-là, ne fondra pas au soleil. Le capital et les bénéfices s'accumulant ainsi d'une manière continue et progressive, il vient une heure où, à lui seul, le rapport de la somme capitalisée suffit à assurer la retraite du travailleur enrichi.

Pourquoi la société n'en ferait-elle pas autant?

La société n'est pas un ouvrier comme tous les autres, que l'âge affaiblit et condamne au repos; les naissances comblant les vides que la mort fait dans son sein, elle se renouvelle sans cesse. A ce point de vue, on peut dire de l'humanité que c'est un homme immortel. Un travailleur qui ne meurt jamais n'a pas besoin d'amasser des rentes pour ses vieux jours.

Soit! mais aussi bien que l'individu, la société a des charges permanentes, et, pour défrayer les dépenses publiques, il faut des procédés non moins intelligents que pour alimenter les besoins d'une famille. Dans les deux cas, il s'agit de se procurer de l'argent aux meilleures conditions possibles, sans tarir les sources du travail.

Là est la ressemblance.

II.

On dirait vainement que l'État n'est ni un commerçant, ni un industriel, dont le travail donne des bénéfices.

L'État n'est-il pas déjà fabricant de tabac à priser et à fumer, fabricant de cigares et de cigarettes; genre de commerce qui lui rapporte même d'assez beaux profits, quelque chose comme 130 millions par an?

N'est-il pas vrai que l'État vend le bois de nos forêts nationales, qu'il débite du papier timbré, qu'il exploite la poste aux chevaux, la poste aux lettres, les télégraphes électriques, et qu'il a déjà racheté plusieurs canaux dont il encaisse le péage? On n'en finirait pas si on voulait énumérer toutes les choses que l'État fabrique, confectionne, exploite, vend en gros ou au détail.

Après s'être fait marchand de tabac, approvisionneur de papier timbré, débitant de poudres, fabricant de cartes à jouer, entrepreneur de messageries, exploiteur de canaux, n'aspire-t-il pas à devenir voiturier sur une plus large échelle par le retour, sinon par le rachat, des chemins de fer?

Oublie-t-on que l'État a ambitionné et obtenu la faveur de fabriquer et de vendre des allumettes? S'il abandonne provisoirement à d'autres la fabrication de cet intéressant article, toujours est-il qu'il s'en est réservé la vente.

Quand on n'a pas honte de vendre des allumettes chimiques, pourquoi rougirait-on de devenir banquier, assureur ou agent de change?

III.

On n'aurait pas moins tort de crier au socialisme.

La vente officielle des tabacs, l'exploitation des forêts et canaux sont des opérations marquées au coin du socialisme, au moins autant que le seraient des opérations de banque et de finance.

Il y a plus, ce qui se pratique aujourd'hui est encore très-imparfait, très-défectueux, au point de vue de la science sociologique. Les régies font des bénéfices, il est vrai ; mais, étant dépensés tous les ans, ces bénéfices ne soulagent que médiocrement le contribuable. Les régies ont, en outre, ce grave défaut que ce sont des institutions gouvernementales, sans aucune indépendance, sans aucune initiative ; au lieu d'être des institutions sociales, directement responsables de leurs actes, mais assez libres pour agir, et placées sous la protection d'une loi organique dont l'inviolabilité les rendrait inviolables.

L'État ne fait-il pas du socialisme lorsque, s'entendant avec la Banque de France, il lui accorde un monopole exorbitant, à la condition qu'elle deviendra son bailleur de fonds dans les moments critiques ? Secours précieux en certains moments, mais toujours plein de périls et qui, en définitive, nous coûte très-cher. Si, dans ses avances à l'État, la Banque se contente de 3 pour 100, elle se montre beaucoup plus exigeante envers le commerce. Chez elle, le prix de l'escompte est toujours plus élevé qu'en Angleterre et sur d'autres places de l'Europe. Cet abus serait-il toléré si le gouvernement lui-même n'était l'obligé de la Banque ?

L'État ne fait-il pas encore du socialisme lorsqu'il concède des priviléges au Crédit foncier, lorsqu'il autorise le Crédit mobilier, les Compagnies d'assurances et autres Sociétés anonymes dont les statuts sont discutés, révisés, sanctionnés par lui?

Faisant ainsi du socialisme à chaque instant et quelquefois même du fort mauvais, de quel droit l'État repousserait-il, comme entachées de socialisme de nouvelles institutions sociales en progrès sur les siennes ?

Le socialisme qui ne profite qu'à une seule classe de la société est-il donc meilleur que celui qui serait utile à tout le monde ?

LE SOCIALISME

Avant d'aller plus loin, il serait bon de s'entendre sur la valeur de ce mot dont on abuse si souvent, et qui tantôt fait peur, tantôt rassure, suivant qu'on l'emploie pour désigner la communauté aveugle et bestiale, ou l'association intelligente et juste.

Mal compris, le socialisme est le plus dangereux de tous les dissolvants, parce qu'il déchaîne les mauvaises passions, les hideuses convoitises.

Bien compris, c'est le lien le plus puissant, le ciment le plus pur, parce qu'il relie entre elles toutes les classes de la société par un intérêt commun, *Le bien-être général*, par un sentiment supérieur, *L'amour de la justice*.

Il est aussi ancien que la société ; il a commencé avec la commune le jour où plusieurs familles ont senti le besoin de se réunir. Il est plus vieux que cela encore, il est né en même temps que la famille.

Comme tout ce qui est humain, il peut faire fausse route. De même qu'il y a de bonnes et de mauvaises sociétés; de même aussi il y a un bon et un mauvais socialisme.

Toute société qui met en commun ce qui doit rester à l'individu fait du mauvais socialisme.

Toute société qui se réserve ce que les individus ne sauraient sans danger accomplir à sa place fait du bon socialisme.

Est du ressort de la société ce qui intéresse directement la sécurité générale, comme la poste et les routes nationales; ce qui confère une garantie légale, comme le timbre et l'enregistrement; ce qui constitue le crédit public, comme le droit de battre monnaie et d'émettre des billets de banque. C'est ce qu'on appelait autrefois les droits Régaliens, parce que le Roi était considéré comme la personnification de la communauté.

Il n'y a aucun danger à centraliser ce qui est de l'ordre purement social.

On entrave toujours trop ce qui est de l'ordre purement individuel.

En fait d'institutions sociales, il faut proscrire toutes celles qui servent les intérêts de quelques-uns au détriment de la communauté et n'admettre que celles qui sont profitables à tous. Celles-là seulement peuvent mettre la fortune du riche à l'abri des révolutions et aider le pauvre à s'enrichir par son travail.

Que voyons-nous aujourd'hui? Trois quarts de siècle après 1789, à qui nous devons l'égalité civile, nous en sommes encore pour tout le reste au régime de l'inégalité la plus aveugle, la plus révoltante. Dans la répartition des impôts, la plus lourde charge pèse sur ceux qui ont le moins d'aisance et qui travaillent le plus. L'industrie, le commerce, le sol subissent la taxe qui — ce n'est pas la bonne volonté qui manque — atteint à peine la richesse financière. Grâce au monopole qui lui permet de spéculer pour son propre compte, la Banque de France réalise d'énormes bénéfices ; on va jusqu'à dire que ses fonds effectifs lui rapportent plus de 40 pour 100.

C'est de l'argent bien placé !

Beaucoup mieux placé que celui de l'ouvrier, à qui la Caisse d'épargne ne donne que 3 pour 100, lorsqu'il a rassemblé avec beaucoup de peine quelques sous d'économie.

Il est vrai que, dans les jours de détresse, lorsque l'ouvrier emprunte, le Mont-de-piété vient à son secours. Moyennant un gage, le Mont-de-piété lui fait des avances à raison de 12 du 100, quatre fois plus que ne lui donnera la Caisse d'épargne, s'il a jamais le bonheur d'y rapporter quelque chose. Quant au gage dont le Mont-de-piété, dans sa miséricorde infinie, se contente, c'est quelquefois un matelas ou une couverture de laine qui fera défaut l'hiver.

Faut-il rire ou pleurer ?

Ce qu'il y a de certain, c'est que, dans une époque de progrès comme la nôtre, de pareilles énormités doivent disparaître, si la science financière n'est pas un vain mot, une amère dérision.

L'INDIVIDU ET LA SOCIETE

I.

Il importe avant tout de bien distinguer entre elles les choses qui sont du domaine de la société et les choses qui sont du domaine de l'individu.

Aujourd'hui nous confondons à chaque instant les attributions de la société avec celles de l'individu, de la famille, de la commune, de la province; attributions bien différentes, mais non contradictoires, qui ont toutes leur raison d'être, avec un horizon distinct et une certaine part d'autonomie. Au lieu de concentrer en lui les attributions générales qui incombent à la société tout entière et celles-là seulement, l'État empiète sans cesse sur les droits de l'individu et de la commune. Il envahit, il centralise, il absorbe tout. La machine gouvernementale n'est plus alors qu'un édifice sans grandeur et sans proportions, une vraie caserne où l'on étouffe, et où chaque citoyen ne compte que pour un chiffre. Si nous savions mieux reconnaître en quoi diffèrent les attributions de l'individu et de la société, combien le gouvernement serait moins tyrannique ou moins tracassier, combien l'unité nationale serait plus complète, plus forte, plus majestueuse encore!

II.

Essentiellement corrélatifs, l'élément individuel et l'élément social sont soumis à une loi d'équilibre plus élas-

tique sans doute que celle qui, dans le monde astrono-
mique, régit la force centrifuge et la force centripète,
mais non moins certaine, et dont on ne saurait impuné-
ment franchir la limite. L'individu et la société sont les
deux membres égaux d'une grande équation : l'équation
politique.

Dans la nature, dans l'homme, dans la société, l'équilibre des forces est la loi qui domine l'organisme. Dès
que les forces ne sont plus équilibrées, la destruction
commence, et ce n'est que par une nouvelle pondération
que les parties disjointes arrivent à se reconstituer. Sans
l'équilibre, aucune proportion, aucune série, rien de beau,
rien de durable. Équilibre, équité, justice, c'est la même
chose. L'équilibre est une loi générale, une loi suprême
dont l'empire s'étend sur la gravitation sociale aussi bien
que sur la gravitation céleste.

III.

Ce n'est pas seulement la loi de la société et de l'individu dans leurs rapports mutuels, c'est encore la loi de
l'individu dans ses rapports avec lui-même.

Quel homme pourrait se croire intelligent si, en lui,
le sentiment du droit personnel n'était équilibré par le
sentiment du devoir envers ses semblables? Tout droit
implique un devoir égal; sans cela, il n'y aurait ni droit,
ni liberté pour personne, et l'on ne comprendrait plus
pourquoi l'être humain est doué du sens moral.

Et quelle société pourra éviter l'un de ces deux fléaux :
« le despotisme ou l'anarchie, » si, dans son sein, la
somme des droits et la somme des devoirs ne se font pas
équilibre?

IV.

Entre les lois du monde physique et les lois du monde social, il y a cette différence que les unes s'imposent fatalement à des corps sans volonté, tandis que l'homme enfreint souvent les autres. Mais ce n'est jamais sans souffrir qu'il les viole, et cette souffrance est la sanction qui, bon gré mal gré, le soumet à leur puissance.

Lois admirables, c'est la Raison Divine qui les établit, et c'est la raison humaine qui les découvre !

Lois justes et bien faites pour l'éducation de l'humanité, c'est la douleur qui les impose quand la raison ne veut pas les voir !

ÉQUATION POLITIQUE.

I.

Ces vérités sont d'une telle importance que, pour mieux fixer l'attention, nous ne craindrons pas d'employer le langage symbolique de l'algèbre, et de les exprimer en quelques formules d'autant plus simples qu'elles ne renferment que des lettres et des signes élémentaires.

Soit D la somme des droits et D' la somme des devoirs, on a cette première équation qui est vraie pour la société, pour l'individu, pour la commune, pour tout organisme composé d'un ensemble de forces multiples et de sens contraire.

$$(1) \qquad D = D'.$$

Ce qui veut dire que la somme des droits est égale à la somme des devoirs et réciproquement.

Cela étant, le bien-être, l'équilibre dans un être social quelconque, est impossible en dehors de cette égalité. Soit donc E l'équilibre, on a cette seconde équation qui n'est que la conséquence de la première :

$$(2) \qquad D + D' = E$$

En d'autres termes, pour obtenir l'équilibre, il faut ajouter la somme des droits à la somme des devoirs qui toutes les deux sont égales.

Dans l'individu comme dans la société, la somme des droits représente la force initiale, la force centrifuge ou la liberté ; tandis que la somme des droits représente la force centripète, le pouvoir social ou l'autorité de la loi. Et il est de toute évidence que l'on cherchera vainement l'équilibre, si les deux forces de sens contraire ne sont pas égales.

$D + D' = E$ est donc l'équation qui s'applique d'une manière absolue à tous les genres d'association. C'est la loi de la série sociale.

On a trop souvent confondu l'autorité avec la force brutale, et la liberté avec un individualisme étroit et sans entrailles. Aussi a-t-on écrit sur la question beaucoup de volumes peu concluants, lorsque, pour la résoudre, il suffit de bien définir la nature particulière de chacun de ces deux éléments qui sont loin de s'exclure.

L'un, la liberté, correspond au droit et constitue la force centrifuge ; l'autre, l'autorité, correspond au devoir et constitue la force centripète.

Ils sont donc complémentaires, impérissables tous les deux et nécessairement égaux, car sans cela l'équilibre serait impossible.

II.

Si l'homme était parfait, la loi serait toujours obéie. Mais l'être humain ne vit pas dans l'absolu, il vit dans le relatif, et la perfection, pour lui, c'est d'être perfectible. Alors même qu'il sait que tout droit implique un devoir adéquat, il n'écoute pas toujours la voix de sa conscience. Il faut donc, dans la pratique, tenir compte des abus qui menacent de rompre l'équilibre, et que la force physique doit réprimer. Soit m la somme des abus de toute sorte qui sont toujours la violation d'un droit et f la force brutale que nécessite leur répression, on a cette troisième et dernière équation qui n'est plus que relative, mais qui embrasse tous les éléments du problème :

$$(3) \qquad \frac{D + D'}{m + f} = \frac{E}{m + f}$$

En vertu de la loi du progrès, le diviseur $m + f$ tend à diminuer toujours de plus en plus sans jamais disparaître d'une manière complète.

La valeur constante de $D + D' = E$ et la valeur maximum de chacun des deux termes du diviseur $m + f$ pouvant être représentées par des chiffres comparatifs, on arrive ainsi à déterminer la valeur relative de ce diviseur chez un peuple quelconque. Ce qui permettra de placer très-approximativement chaque nation à son rang sur les degrés de l'échelle sociologique (1).

Quittons maintenant les régions abstraites et, revenant à la question financière, demandons-nous à quelles sources doit puiser le Trésor public.

LES RÉGIES CAPITALISANTES.

I.

Les moyens de faire venir l'argent. dans les coffres de l'État sont nombreux, aussi nombreux que l'armée des étoiles, quoique jetant un éclat moins pur. Quand on observe prosaïquement, et si l'on y regarde de près, on voit bientôt que ces milliers de moyens rentrent tous dans l'une des trois catégories suivantes :

1° *L'Impôt ordinaire*, qui se prélève sur la richesse publique et se dépense sans avoir produit aucun bénéfice ;

2° *La Régie de l'ordre inférieur*, qui produit des bénéfices annuels que l'État dépense avant de leur avoir laissé le temps de s'accumuler ;

3° *La Régie de l'ordre supérieur*, qui produit des bénéfices et qui les accumule, qui les capitalise.

De là le nom de *Régies capitalisantes*. Leur existence est d'autant plus admissible que des bénéfices accumulés constituent, comme toute autre encaisse, une valeur réelle que le crédit peut et doit mettre en circulation.

---

(1) On arrive au même résultat en disant :
$$D + D' - (m + f) = E - (m + f)$$
La quantité soustractive $m + f$ devant diminuer toujours.

De ces trois éléments, l'Impôt est évidemment le plus mauvais, alors même qu'on le dit *productif*, en ce sens qu'il a un emploi utile et qu'il ne sert pas, comme l'impôt reconnu *improductif*, à solder des dépenses que rien ne justifie. En soi — son nom l'indique — l'impôt est un moyen violent. La perception en est aussi coûteuse que pénible. Il est à la fois onéreux et vexatoire : d'autant plus onéreux que ceux qui le perçoivent sont enlevés aux travaux de l'agriculture et de l'industrie ; d'autant plus vexatoire et dangereux pour la liberté que les agents fiscaux sont les soutiens naturels de l'absolutisme.

II.

C'est cependant l'Impôt qui a la préférence. A part quelques régies de l'ordre inférieur et plutôt gouvernementales que sociales, on ne trouve au budget que des taxes ruineuses. On se croirait encore au temps où les souverains, bardés de fer et la lance au poing, traitaient leurs sujets en peuples conquis.

C'est l'enfance de l'art.

Qu'il soit direct ou indirect, *productif* ou *improductif*, mobilier ou immobilier, personnel ou impersonnel, proportionnel ou progressif, unique ou multiple, perçu sur le capital ou le revenu, sur les valeurs financières, sur le luxe ou sur tout autre élément de la richesse, l'impôt, même le plus clairvoyant et le mieux assis, est toujours une charge trop lourde s'il ne donne pas de bénéfices. Ainsi compris, l'impôt et l'emprunt sont deux ressources barbares, deux causes incessantes d'appauvrissement, qui disparaîtront le jour où l'art financier sera devenu une science.

III.

Un peuple sans impôts !!!

Mais c'est plus que du roman, c'est le comble du dé-
lire, vont s'écrier les spécialistes qui vivent sur cette
croyance que les taxes onéreuses font la richesse des
nations.

Un raisonnement bien simple calmera tous les trans-
ports. N'est-il pas vrai que déjà les spécialistes eux-
mêmes admettent les régies de l'ordre inférieur? Pour
rien au monde, ils ne voudraient renoncer à la manufacture
des tabacs, à l'entreprise des postes, à l'exploitation des
eaux et forêts, au commerce du papier timbré, à la vente
des poudres, au débit des allumettes. Ils pouvaient mieux
choisir peut-être, mais on ne les accusera certes pas
d'être sans attachement pour l'objet de leur choix.

Or, avec plus d'extension, le système des régies de
l'ordre inférieur pourrait, à lui seul, et rien que par ses
bénéfices, couvrir la totalité de nos dépenses annuelles.

Ce résultat serait atteint si aux régies actuelles, qui
rapportent déjà près de 600 millions, on ajoutait la régie
de la Banque, la régie des Chemins de fer et des Canaux,
la régie des Assurances, la régie du Crédit foncier et les
autres régies qui sont encore à faire.

En sorte que, même sans les Régies de l'ordre supérieur, la suppression de l'impôt serait chose possible. Du
moment qu'on peut se passer de lui à quoi bon le main-
tenir, si ce n'est pour ne pas perdre l'habitude de ran-
çonner le pauvre monde?

IV.

Voyons à présent de quelle utilité seraient les Régies capitalisantes de l'ordre supérieur, celles qui accumuleraient leurs bénéfices, en tout ou en partie.

Dans les mains du commerce et de l'industrie, la capitalisation des *fonds privés* fait déjà des choses surprenantes. Comment, sans fermer les yeux à la lumière, ne pas voir que, dans les mains de l'État, la capitalisation des *fonds publics* enfanterait des merveilles.

Avec le secours de la capitalisation, les Régies sociales ne se borneraient pas à couvrir les 2 milliards et demi du Budget; elles amortiraient en réalité et en peu de temps les 20 milliards qui constituent notre arriéré, et dont la rente annuelle approche de 700 millions. Cela de moins au Budget, ce serait déjà quelque chose.

La dette, une fois éteinte, nous aurions bientôt un Trésor public vraiment digne de ce nom, car il serait amassé sur nos économies en prévision de l'avenir. A la gêne succéderait l'aisance, la richesse, tout ce qu'il faut pour répandre l'instruction, soulager les souffrances qui ne peuvent pas attendre, affranchir toutes les branches de l'industrie nationale à qui l'impôt coupe les ailes et en finir avec le paupérisme, cette plaie sociale que ne guériront pas les finances onéreuses, et que ravivent sans cesse les privilèges.

Sait-on ce que donneraient 200 millions par an — le chiffre de l'amortissement actuel — s'ils étaient capitalisés, bénéfice et principal, à raison de 5 pour 100 ?

En 12 *ans*, ils donneraient 3 *milliards* 342 *millions*.

C'est le montant du dernier emprunt, dont la rente annuelle est de 200 millions. Dans le système actuel, cet emprunt ne sera pas remboursé avant 18 ans et c'est à peine si chaque annuité diminuera le budget de 12 millions.

En 15 ans, on aurait 4 milliards 500 millions.

En 20 ans, 7 milliards,

En 25 ans, 10 milliards 22 millions.

En 30 ans, 14 milliards.

Et en 36 ans, on aurait 20 *milliards* 125 *millions !*

C'est le chiffre de notre dette publique, dont la rente est presque de 700 millions et qui dans le système actuel ne serait pas éteinte avant un siècle.

Si l'on continuait à capitaliser même après 36 ans, on aurait :

En 50 ans, 44 milliards.

En 100 ans, 548 *milliards !*

Nous ne citons que pour mémoire ce dernier chiffre qui dépasse la fortune monétaire du monde entier.

La capitalisation est si puissante, elle a une telle force de drainage que le premier peuple qui la mettra en pratique aurait bientôt attiré à lui les capitaux des autres peuples, si ces derniers ne se hâtaient d'instituer chez eux des Régies capitalisantes.

v.

Avec 400 millions — on dit que l'amortissement sera porté à ce chiffre, — le dernier emprunt serait remboursé *en moins de* 7 *ans* et la dette nationale complétement éteinte *en* 25 *ans.*

Enfin avec 800 millions, le dernier emprunt serait soldé *en moins de 4 ans* et la dette publique anéantie *en 16 ans.*

Ce chiffre de 800 millions n'a rien d'exagéré. Quoique sa dette n'ait jamais dépassé 13 milliards, et qu'elle soit déjà réduite à 11 milliards aujourd'hui, la République américaine consacre chaque année près de 600 millions à l'amortissement de l'arriéré.

Faut-il dire ce que, avec 800 millions, la capitalisation produirait en un siècle? En supposant qu'elle fût possible, on arriverait au chiffre fantastique de 2,192 milliards ou 2 trillions 192 billions de francs!

C'est à donner le vertige.

VI.

De tout cela nous n'avons qu'une chose à retenir, c'est que, même sans tenir compte des ressources que nous apporterait le crédit et rien que par le fonctionnement de la capitalisation, notre dette de 20 milliards serait liquidée :

En 36 ans, avec des annuités de 200 millions.

En 25 ans, avec des annuités de 400 millions.

En 16 ans, avec des annuités de 800 millions.

Quant au dernier emprunt de 3 milliards et demi, il serait couvert :

En 12 ans, avec 200 millions.

En 7 ans, avec 400 millions.

En 4 ans, avec 800 millions.

Grâce au concours du crédit national qui grandirait en même temps que le chiffre des valeurs encaissées, chacun

de ces délais serait encore raccourci d'un tiers ou de
moitié peut-être.

Et, aussitôt après l'installation des Régies capitalisantes, commencerait pour nous une ère nouvelle, qui serait
l'âge d'or en comparaison de l'âge de fer que nous tra-
versons maintenant.

VII.

Combien d'améliorations aujourd'hui impossibles, combien de merveilles seront réalisables le jour où nous re-
noncerons au système des finances onéreuses qui est
une injure pour la civilisation moderne, et qui deviendrait
un crime si, pouvant le remplacer par quelque chose de
mieux, nous nous entêtions à le conserver.

Quand nous le voudrons, la capitalisation des fonds
publics sera pour nos finances ce qu'ont été pour nos
voies de communications la vapeur et l'électricité. La vapeur et l'électricité multiplient le temps en supprimant
les distances; la capitalisation multipliera la richesse publique en supprimant l'impôt, ce vieux moyen fiscal qui
engendre le paupérisme et les révolutions.

VIII.

Mais, pour réussir, ce n'est pas assez de substituer les
régies de l'ordre supérieur aux régies de l'ordre inférieur
et de bien distinguer entre elles les attributions sociales
et les attributions individuelles. Il faut encore autre chose,

il faut admettre en principe l'inviolabilité des nouvelles Régies et consacrer cette inviolabilité dans la pratique.

Transparente comme une maison de verre, chaque Régie, y compris la Banque, devrait, tous les ans ou tous les six mois, plus souvent même si c'est possible, verser ses bénéfices dans une Caisse Générale de consignation, à qui serait confiée la garde du Trésor public, sous le contrôle des Grands Pouvoirs de l'État.

Pas un sou ne sortirait de cette Caisse sans une loi votée par la Représentation Nationale.

Alors la République commencerait à devenir une chose sérieuse, la chose de tout le monde. Elle serait d'autant plus durable qu'on n'aurait plus à craindre le retour des bouleversements périodiques, d'autant plus aimée qu'elle aurait inauguré un nouveau régime assez juste pour assurer le bien-être de tous, assez moral pour satisfaire la conscience d'une grande nation,

IX.

Élevé à cette hauteur, le principe de l'inviolabilité des Régies ne sera pas admissible dans les pays où la volonté, où le caprice d'un seul homme pèse plus dans la balance que la volonté, que les intérêts de tout un peuple.

Cette considération ne doit pas arrêter les peuples libres, ceux surtout qui possèdent déjà le Suffrage universel et la République : deux grandes institutions fondées sur le respect de la loi.

X.

«Si ce n'est pas du roman, dira-t-on cette fois, c'est au moins de l'utopie. Après les malheurs qui viennent de nous frapper, la France n'est en état de racheter ni les chemins de fer, ni la Banque. Vous l'avez reconnu vousmême et, pas plus que nous, vous ne voudriez avoir recours à l'arme honteuse de la spoliation. Fût-elle scientifiquement vraie, votre théorie est donc impraticable. C'est un beau rêve peut-être, mais ce n'est qu'un rêve.»

L'objection sera faite, nous devions la prévoir. Grâce à Dieu, elle est plus spécieuse que fondée. Pour qu'elle fût sans réplique, il faudrait que, en dehors du rachat immédiat, qui est impossible, il n'y eût rien à faire et que le rachat partiel fût lui-même irréalisable.

C'est ce qui n'est pas. Les moyens d'arriver au but sont nombreux, les praticiens n'auront que l'embarras du choix.

TROISIÈME PARTIE.

VOIES ET MOYENS.

I.

Un premier moyen pratique, faut-il le dire ? ce serait l'impôt.

Ce moyen-là, les financiers le connaissent.

Sans nous mettre en contradiction avec nous-même, nous pourrions l'admettre, car cette fois l'impôt cesserait d'être onéreux. Bien loin de là, il produirait en peu d'années de larges bénéfices que la capitalisation augmenterait sans cesse. Si nous n'en parlons que d'une manière incidente, c'est que, par bonheur, on peut s'en passer.

Toujours est-il que, avec la ressource de l'impôt plus utilement employé, il serait possible de faire passer l'idée nouvelle du domaine de la théorie dans le domaine de la pratique et de commencer immédiatement la réforme bienfaisante que nous appelons de tous nos vœux.

Dès le début, je constate ce fait, qui est indéniable et devant lequel aucune objection ne saurait tenir.

II.

L'impôt étant écarté et l'emprunt avec lui, où trouver de l'argent, car il en faut soit pour capitaliser, soit pour racheter ?

Inutile d'aller bien loin. Les fonds disponibles que nous cherchons avec tant de peine sont tout près de nous.

Ils sont *dans le budget lui-même.*

Une somme annuelle de 200 millions n'y est-elle pas affectée à l'amortissement du dernier emprunt? La destination de cette somme ne sera pas changée si, pour le même usage, nous savons mieux nous en servir.

En remplaçant un amortissement onéreux par un amortissement productif, ferions-nous, par hasard, une mauvaise affaire? Autant se demander s'il est plus avantageux de se ruiner par entêtement que de s'enrichir par des économies intelligentes, s'il est plus digne d'un grand peuple de croupir dans l'ornière de la routine que de marcher sûrement et avec fierté dans la voie du progrès!

III.

Comment s'y prendre? Après avoir institué une première Régie capitalisante sous le nom de Régie de l'amortissement, rachetons chaque année 200 millions de titres du dernier emprunt et accumulons le tout, intérêt et principal.

Puis, sur la caise de la nouvelle Régie, prélevons chaque année 12 millions qui seront versés dans les mains du Ministre des Finances. Ce sera autant de moins à payer pour les contribuables et le nombre des titres rachetés sera le même.

De ce côté, les choses se seront donc passées exactement de la même manière que si rien n'eût été changé au mécanisme de l'amortissement. La capitalisation aura marché un peu moins vite, voilà tout.

Dans ces nouvelles conditions, il y aurait encore 974 millions de bénéfice en 12 ans, et il ne faudrait guère plus de 13 années pour rembourser le dernier emprunt.

Le résultat serait plus prompt si on jugeait convenable d'autoriser la Régie à acheter, vendre et racheter, mais avec assez de prudence pour ne pas porter le trouble sur le marché, avec assez de discernement pour mettre un terme aux orgies des gros spéculateurs.

Quand les titres du dernier emprunt seraient épuisés, on rachèterait les titres des autres rentes. De la sorte, on parviendrait à éteindre toute la dette en moins de 30 ans. Une pareille opération vaut bien la peine d'être tentée (1).

IV.

Mais ce n'est pas tout.

Les valeurs capitalisées formeraient une encaisse réelle et toujours croissante, qui deviendrait la base du Crédit public, base plus solide que toutes celles dont on s'est contenté jusqu'ici.

Réalisée en billets de circulation, comme ceux de la Banque, cette encaisse, déjà productive par elle-même, serait mobilisée par le crédit. Double cause d'accroissement pour la richesse nationale, car nous pourrions ainsi amortir et capitaliser en même temps. Les 200 millions de l'amortissement suffiraient alors pour éteindre

---

(1) Que la ville de Paris se mette à pratiquer ce nouveau mode d'amortissement, et ses Finances seront bientôt rétablies !

le dernier emprunt en 8 ans et toute la dette nationale en 20 ans. Dans les conditions actuelles, on le sait, le payement du dernier emprunt exigera 18 ans et l'extinction de la dette 100 ans.

Et on obtiendrait tout cela sans moyens exceptionnels, avec des procédés conformes à ceux qui sont partout en usage et beaucoup moins hardis, beaucoup moins aventureux que les agissements de la Banque de France qui, pour tenir, a souvent besoin de l'assistance du cours forcé.

Plus tard, quand le système des Régies supérieures se sera développé, quelle institution de crédit inspirera jamais autant de confiance que ne le ferait une Banque appartenant à la Société tout entière, devenue son propre bailleur de fonds; Banque d'ailleurs en possession d'une encaisse gigantesque et dont les billets auraient pour garantie la fortune et l'honneur de tout un peuple?

V.

Avec ces ressources, nous serions bientôt en état de créer de nouvelles Régies capitalisantes, de racheter peu à peu les actions et les obligations des chemins de fer et des canaux, voire même les actions de la Banque actuelle, si la régie de l'amortissement était libre d'acheter, de vendre et racheter aux meilleures conditions.

Nous ne rachèterions que partiellement; mais, comme les titres acquis au Trésor public auraient des coupons à toucher, ce serait un rachat productif au lieu d'être un rachat onéreux.

La capitalisation aurait alors trois effets simultanés : l'amortissement de la dette ; le rachat des chemins de fer ; la création d'un *Trésor Public*, dans le vrai sens du mot.

VI.

. Tous les droits anciens seraient religieusement respectés. L'industrie privée jouirait d'une liberté entière et trouverait des capitaux à bas prix ; elle n'aurait plus à craindre la concurrence des régies, puisque ces dernières ne feraient que les opérations qui sont du ressort de la Société. Venant au secours de l'agriculture par des avances peu coûteuses et facilement remboursables, la Régie des hypothèques dégrèverait le sol national, aujourd'hui surchargé. Loin d'avoir à subir des augmentations, le Budget serait diminué tous les ans d'une plus forte somme prise sur les bénéfices des Régies capitalisantes.

VII.

Je pourrais en rester là, car je crois avoir surabondamment prouvé que les moyens pratiques ne manquent pas. C'est tout ce que j'avais à faire.

A quoi bon perdre le temps à examiner une foule d'autres combinaisons que les praticiens connaissent mieux que personne ? Il en est une cependant dont il convient de dire un mot, parce qu'elle est éminemment conciliante.

Je veux parler de l'association de l'État avec la Banque de France, avec les Compagnies des chemins de fer, avec les Compagnies d'assurances et toutes les Sociétés de crédit qui exploitent à leur profit des entreprises qui sont du ressort de la communauté.

L'augmentation de fonds et de crédit que leur apporterait le nouvel associé permettraient de donner plus d'extension à leurs affaires ; d'où un accroissement plutôt qu'une diminution de bénéfices. Ces institutions continueraient d'ailleurs à disposer de leurs profits annuels, semestriels ou trimestriels, tandis que les Régies nationales capitaliseraient la part qui leur serait afférente.

De la sorte, nous aurions avant peu, d'une manière incomplète et en germe seulement, une Régie de la Banque, une Régie des Chemins de fer, une Régie des Assurances, comme nous avons déjà, mais dans un ordre inférieur, les Régies des tabacs, de l'enregistrement, des canaux. A l'origine, ce ne serait encore que l'avenir en miniature ; mais, soyez tranquille, l'enfant ne tarderait pas à sortir de son berceau !

Dût la Banque de France, — ce qui n'est pas admissible, — se retrancher derrière son monopole et n'avoir ni assez d'intelligence ni assez de patriotisme pour accepter l'association ; dussent les Compagnies de chemin de fer être aussi mal inspirées, la même résistance ne serait pas à craindre du côté des Compagnies d'assurances et des autres Sociétés financières. L'État n'a pas pris envers elles l'engagement de ne pas autoriser de nouvelles compagnies qui seraient autant de rivales.

Que répondraient les Compagnies d'assurance contre l'incendie, si l'État leur rappelait qu'elles profitent gratuitement du service des pompiers, qui est entièrement à la charge des villes et des communes ? Si bien que l'assureur fait un double bénéfice ; il gagne une première fois en touchant la redevance des assurés ; il gagne une seconde fois en laissant à leur charge un service public sans lequel l'assurance serait impossible. Ce qui prouve que, pour leur propre compte du moins, les Compagnies d'assurance contre l'incendie ne pratiquent pas le système des finances onéreuses. Ces Compagnies ne seront donc pas hostiles.

Devant beaucoup plus y gagner qu'y perdre, les Compagnies d'assurance à vie et toutes les grandes Sociétés financières qui dépendent de l'État ne se feront pas prier non plus. Elles s'accoutumeront sans peine au régime de l'association, qui dispenserait l'État d'avoir à payer des indemnités dispendieuses, comme cela serait nécessaire dans le système, d'ailleurs si remarquable, de M. Émile de Girardin qui, lui aussi, mais par d'autres moyens, s'en prend au système suranné des impôts.

A tous les points de vue, l'association offre donc de très-grands avantages. En favorisant la création des Régies capitalisantes, en ménageant les intérêts respectables, elle serait un excellent moyen de transition et comme un pont jeté entre le passé, le présent et l'avenir.

CONCLUSION

I.

Ainsi donc, soit avec l'impôt lui-même ou l'emprunt, soit avec les fonds de l'amortissement ou des économies sur le budget, soit avec les régies ordinaires, mais surtout avec les Régies capitalisantes, il est de toute évidence que nous pouvons arriver un jour à la suppression de l'impôt et nous mettre immédiatement à l'œuvre.

Les choses iraient bien plus vite encore si la loi autorisait le Trésor public à recevoir des donations et des legs. Mieux vaut accepter les présents du riche que taxer le pain du pauvre. On a du cœur en France ; tout dernièrement encore, avant l'emprunt, beaucoup ont réclamé le privilége de s'imposer eux-mêmes pour la délivrance du sol national. Plus d'un philanthrope, plus d'un bon citoyen s'empresserait de contribuer pour une large part au succès d'une innovation qui ferait tant d'heureux et qui élèverait notre pays à un degré de puissance et de grandeur morale inconnu jusqu'à ce jour.

Mais l'entreprise fût-elle entourée de mille obstacles, que ce ne serait pas une raison pour y renoncer. Elle est souverainement juste, souverainement utile, elle doit réussir. Les chemins de fer aussi paraissaient impossibles, cela les a-t-il empêchés de naître, de se développer et d'étendre leur réseau sur la surface du globe terrestre? Si grande soit-elle, la difficulté ne doit arrêter personne lorsqu'il s'agit d'accroître le bien-être physique et moral des sociétés humaines. Supprimer la misère, l'ignorance et l'immoralité, toute la question est là. La science moderne a déjà accompli trop de miracles pour que l'homme de notre époque puisse se croire impuissant à faire le bien et rester sourd à la voix de sa conscience qui lui dit : « Sois équitable envers tes semblables. »

Hâtons-nous, si nous voulons éviter de nouveaux malheurs, hâtons-nous de sécher les larmes, d'apaiser les colères et de réconcilier des frères ennemis, en élevant nos institutions nationales à la hauteur du plus beau de tous les sentiments humains : La Justice.

II.

Si les sentiments généreux, si les principes supérieurs ne suffisent pas, consultons du moins nos intérêts. Écoutons les enseignements d'une grande loi sociologique qui vient confirmer toutes les autres. Aussi positive, aussi exacte qu'un théorème de géométrie, cette loi peut s'énoncer ainsi :

« La force vitale d'une société quelconque est proportionnelle « au nombre de ceux de ses membres qui participent à tous les « bienfaits de l'association, moins 1 *fois* $+\ x$ *le nombre de «ceux qui sont exclus. »*

En effet, non-seulement ces derniers travaillent moins, produisent moins que s'ils étaient mieux traités, mais souvent ils se mettent en grève, et il n'est pas rare qu'ils s'insurgent. Pour se défendre, la société augmente le nombre des gendarmes, des tribunaux, des prisons et des geôliers. De là une plus grande perte de force productive.

Condorcet pensait à cela sans doute le jour où, devant la Convention nationale et aux applaudissements de l'Assemblée, il déclarait que : *Toutes les institutions sociales doivent avoir pour but l'amélioration morale, physique et intellectuelle de la classe la plus nombreuse et la plus pauvre.* Le calcul donne raison à cette pensée du grand philosophe.

Prenons pour exemple deux associations différentes de 100 membres chacune, mais dont la première ne renferme que des égaux en droits, tandis que la seconde compte 30 exclus. Dans le cas très-fréquent où la valeur de x, valeur qui peut être une fraction ou un nombre entier, devient égale à l'unité, la force perdue est ici proportionnelle à 1 fois 30 + 1 fois 30 qui font 60. C'est la quantité qu'il faut soustraire.

Alors les forces de ces deux associations sont entre elles *comme* 100 *est à* 40.

Et non pas comme 100 est à 70, ainsi qu'on serait d'abord tenté de le croire, si l'on oubliait que, pour les sociétés, la force perdue a toujours une double origine.

Il peut même arriver que la force perdue dépasse trois ou quatre fois l'unité. S'il survient une révolution ou une guerre — quand ce ne sont pas les deux ensemble — c'est bien pis encore. Les derniers événements ne nous en ont, hélas! que trop durement fourni la preuve.

III.

Or, ce n'est ni avec des finances onéreuses, ni avec une dette de 20 milliards, dont le fardeau écrase à la fois les grands industriels et les ouvriers, que nous parviendrons à diminuer le nombre des malheureux. Rien de plus désirable cependant, et il est positif que nous pourrions le faire avec le secours des finances productives et de la capitalisation des fonds publics au profit de toutes les classes de la société.

C'est donc là qu'il faut chercher la solution de la question sociale, ce problème menaçant qu'on essaie de ne pas voir, mais que, tôt ou tard, il faudra bien regarder en face.

En parlant ainsi, je sais à quoi je m'expose, on m'accusera de vouloir relever le drapeau du *Socialisme*. Suivant le sens qu'on ajoute à ce dernier mot, l'accusation sera vraie ou fausse. Tout ce que je puis dire, c'est que je suis loin de confondre les bas appétits d'un communisme ennemi de toute liberté, avec les nobles aspirations de la science sociologique qui respecte également les droits inaliénables de l'individu et de la société. Dans mon âme et conscience, je crois avoir fait une œuvre honnête et utile en recherchant les lois du monde moral, en étudiant les moyens de perfectionner nos institutions financières, en montrant que les priviléges sociaux sont aussi nuisibles qu'injustes, et que ce sont eux qui font les communistes. Supprimez les monopoles, et il n'y aura plus de partageux.

Un seul mot résume toute ma pensée, c'est celui que j'ai pris pour épigraphe :

« Quand nous le voudrons, la capitalisation des fonds publics sera pour nos finances ce qu'ont été pour nos voies de communication la vapeur et l'électricité. »

Monsieur le Président de la République,

Les nouveaux principes d'économie politique contenus dans ce travail m'ont paru de nature à être exposés et défendus devant un juge compétent.

Pouvais-je ne pas m'adresser à vous?

Si ces principes sont mathématiquement vrais, qui saura mieux le reconnaître et les rendre praticables?

Si mon peu de connaissance des affaires m'a induit en erreur sur quelques points — ce qui est plus que probable — qui saura mieux le discerner et rétablir la vérité des faits?

J'ai entrevu à l'état naissant une vaste réforme qui, mûrie, fécondée, menée à bien par vous, deviendrait un nouveau gage de stabilité pour notre jeune République, un nouveau moyen de délivrance pour les autres peuples.

Tenté par la grandeur du but à atteindre, ébloui par la beauté du sujet, j'ai entrepris une tâche au-dessus de mes forces, peut-être; mais j'ai cru à vos lumières, à votre patriotisme. En cela, je ne me suis pas trompé.

J'ai l'honneur d'être,

Monsieur le Président de la République,

votre très-respectueux

et très-dévoué serviteur,

Charles EMMANUEL.

Paris. — Typ A. Parent rue Monsieur-le-Prince, 31.

9 782014 028577